AF488891

MANIFIESTO

EDICIONES UNIVERSIDAD CATÓLICA DE CHILE
Vicerrectoría de Comunicaciones
Av. Libertador Bernardo O'Higgins 390, Santiago, Chile

editorialedicionesuc@uc.cl
www.ediciones.uc.cl

MANIFIESTO
Peligros y oportunidades de la megacrisis

Gastón Soublette

© Inscripción Nº 2020-A-3278
Derechos reservados
Abril 2020
ISBN Nº 978-956-14-2637-5

Diseño: Francisca Galilea
Impresor: Imprenta Salesianos S.A.

CIP-Pontificia Universidad Católica de Chile
Soublette, Gastón, autor.
El manifiesto de Gastón Soublette: peligros y
oportunidades de la megacrisis. / Gastón Soublette.
1.   Chile – Política y gobierno – 2019.
2.   Movimientos sociales – Chile – 2019.
I.   t.
2020   362.0425 + DDC23   RDA

MANIFIESTO

Peligros y oportunidades
de la megacrisis

Gastón Soublette

EDICIONES UC

La crisis social y política por la que los chilenos estamos pasando, la cual ha culminado con la entrada de una pandemia mortífera en nuestro territorio, conlleva un gran desafío para nuestra capacidad de comprensión, pues antes de plantear la interrogante de cómo vamos a salir de ella y cómo evolucionarán los hechos por el avance de la peste viral que nos ha invadido, se trata de entender el sentido de lo ocurrido y discernir sus causas más profundas.

Persuadido de que esta crisis es solo la versión chilena de una megacrisis que cubre al mundo entero y que se viene gestando hace ya varias décadas, no podría referirme a ella en este ensayo ateniéndome solo a los hechos que ocurren en mi país, porque sucesos semejantes están ocurriendo en otros países y en un mismo contexto, el cual no es sino el de las formas de vida y de organización de la sociedad que han sido generadas por esta civilización industrial en todos los territorios habitados por el hombre. En ese sentido, una pandemia que contagia hoy a toda la población del mundo, desde cierto punto de vista es un acontecimiento simbólico que expresa bien una dolencia psicológica que padecemos todos por igual.

Lo que caracteriza a la megacrisis es su globalidad, de manera que los intentos por resolver cualquiera de sus aspectos por separado (crisis energética, por ejemplo) han demostrado ser temporalmente eficaces, pero operando en desmedro de soluciones que podrían haberse dado a otros aspectos.

Basándome en esas premisas, el escrito que aquí ofrezco contiene, según mi parecer, los elementos de juicio que sería necesario tener en cuenta para bien situar la crisis en el amplio y acontecido historial de esta civilización, la que, a juzgar por lo que se ve, parece estar entrando en su fase terminal, pues una mirada al acontecer mundial en el contexto de la actual globalización nos muestra, en forma cada vez más patente, que la tendencia en la dinámica del constructo económico y tecnológico en que ha venido a parar este mundo nuestro por las exigencias del mito del progreso muestra ya claros síntomas de haber entrado en un proceso de disociación perceptible en todos los ámbitos de la vida social, ya que los problemas que genera este estado de cosas, con el correr del tiempo, se han ido agravando y no nos permiten esperar un desenlace feliz, incluido el peligro letal de una desarticulación irreversible del ecosistema planetario, capaz de volver nuestra "casa común", la Tierra, en un lugar del universo no apto para la vida humana, y la indefensión de la humanidad toda ante los peligros de pandemias que podrían devenir en extinciones masivas.

Sin embargo, la tesis fundamental de este ensayo difiere de la mayor parte de los análisis de la situación realizados por pensadores y políticos en el hecho de afirmar que la raíz de los males que nos aquejan no se halla en algún agente causal exterior al hombre que protagoniza este drama, sino que es ese mismo sujeto, como tipo humano, el que constituye la raíz de la crisis. En ese sentido, en lo referente a las causas del fenómeno, el énfasis se pone en la evolución psicológica de los pueblos, sus gobernantes, pensadores y científicos, lo que ha ido generando el tipo humano que ha concebido el entramado de esta civilización conforme a imperativos orientados hacia una meta de plenitud propuesta al mundo como el supremo bien.

Una buena parte de este texto está destinada a determinar qué es en esencia ese tipo humano y cómo ha actuado, y sigue actuando, a través de la historia para llevar al mundo todo a la situación en que hoy nos hallamos, pues, en última instancia, todo el bien y todo el mal que hay en el mundo dependen de la calidad humana de quienes lo habitan. Esa calidad humana consiste fundamentalmente en amar y respetar a nuestro prójimo como a nosotros mismos, y actuar conforme al recto conocimiento del sentido de la vida. En eso radica la finalidad del fenómeno social de la cultura, pues esta es la estructura interior de los pueblos, la que determina su estado de conciencia, y su fundamento es espiritual.

En referencia a estos conceptos, se puede entender la crisis actual, en primer lugar, porque acontece en un contexto globalizado, por eso la denominamos "megacrisis". Este contexto, que cubre hoy todo el mundo, ecualiza todo el acontecer social en una misma fenomenología. Las diferencias culturales que antes distinguían a los pueblos entre sí por sus usos y costumbres hoy han desaparecido, porque sus culturas ya no están vivas; un mismo modelo ha instalado su mecánica en todas las latitudes. Así, lo que ocurre en Tokio no tiene diferencias de fondo con lo que ocurre en Santiago de Chile. Las imágenes reproducidas de cualquier ciudad contemporánea muestran el mismo panorama de grandes bloques habitacionales de similar apariencia, amontonados sin orden ni concierto, para gente que hace las mismas cosas mecánicamente en cualquier lugar del planeta y a las mismas horas.

De este modo, hago un llamado a la sensibilidad del lector para inducirlo a que perciba que esa humanidad masificada, hacinada en grandes centros urbanos de apariencia desoladora, presenta un nivel muy bajo de conciencia, como si un despiadado planificador le hubiese hecho creer a la humanidad toda que en esas formas de vida reside el bienestar que durante siglos hemos procurado alcanzar con tanto esfuerzo.

Aunque muchos pasajes de este texto parecen alejarse del tema central de la crisis social y política que afecta al país y al mundo en su totalidad, estimo que no es posible entender este fenómeno en su real significación si no es desplazando el campo de observación de los hechos al sujeto que los protagoniza, atendiendo especialmente a la racionalidad con que se genera hoy el conocimiento del mundo, caracterizada por la finalidad de adquirir poder sobre el objeto conocido y sacar provecho de todas las cosas. Solo penetrando en la intimidad psicológica de ese tipo humano hallaremos las claves de los móviles que lo impulsan a actuar de ese modo.

En este sentido, la pandemia que nos ha obligado a vivir en cuarentena y atemorizados por el simbolismo que ofrece a nuestra intuición parece ser una advertencia que la naturaleza nos hace en medio de tantos proyectos depredadores para que no nos olvidemos de nuestra fragilidad e impotencia, pues el mito del progreso ilimitado nos ha inflado de orgullo, al punto de nublarnos la vista y hacernos creer que para nosotros, hijos de esta civilización, todo es posible.

FUNDAMENTOS IDEOLÓGICOS Y TEOLÓGICOS DE LA CIVILIZACIÓN INDUSTRIAL

La civilización industrial se instaló en el mundo hace ya más de dos siglos. La racionalidad que la rige se inició con el advenimiento de la democracia representativa en el siglo XIX, previa declaración universal de los derechos del hombre y del ciudadano, y de los ideales de libertad, igualdad, y fraternidad proclamados al mundo por la Revolución francesa. Sin embargo, el fundamento ideológico que determinó su racionalidad operativa comenzó a elaborarse mucho antes en la filosofía utilitaria inglesa desde el siglo XVII, previendo la futura expansión del poder de la Gran Bretaña en un imperio de dimensiones mundiales. Esa filosofía cambió el referente supremo que daba un sentido de trascendencia al destino humano, el cual, a partir de ese momento, fue la generación de riqueza y los emprendimientos industriales, lo que daría nacimiento al mito del "progreso" que, en adelante, debía orientar los patrones de conducta del *homo sapiens*.

El fundamento teológico con que se pretendió legitimar este planteamiento ante la conciencia religiosa de la época comprendía toda una concepción del hombre, su destino y su quehacer en este mundo, y partía de la base de que, a causa del pecado original, la razón humana estaba enteramente corrompida, que toda la verdad está en la Biblia, y que los esfuerzos que el hombre haga por alcanzar la verdad mediante sus propias aptitudes mentales son inútiles y deben ser empleados en el progreso de las artes útiles y el comercio (Bacon), lo que fue reforzado con la idea de que la riqueza material es un signo que revela el favor divino, en tanto que la pobreza simboliza reprobación (Calvino). Así, la generación de riqueza devino un imperativo divino con la consecuente acumulación de capital para la constitución de grandes fortunas y centros de poder. A todo ello se agregó una concepción individualista de la sociedad, en el sentido de que esta no está formada por comunidades ni familias, sino por individuos, y que, en consecuencia, la actitud que facilita la generación de riqueza debe ser autorreferente, pues la solidaridad no es rentable (A. Smith).

Este modelo de civilización terminó imponiéndose en todo el mundo. Su versión actualizada y perfeccionada es hoy la así llamada Escuela de Chicago, cuyo mentor es el economista norteamericano Milton Friedman, y cuyas características más relevantes son el énfasis puesto en la hegemonía del mercado autorregulado, la libre circulación de capitales y el rechazo a todo agente o poder que coarte la libertad individual en la gestión económica. Y a pesar de que en países de tradición católica como Francia no se hiciera cuestión de su fundamento ideológico anglosajón, sí se adoptaron los mismos patrones de conducta, implícitos ya en la cosmovisión de la Ilustración, haciendo tabla rasa con los ideales de libertad, igualdad y fraternidad, pues el proletariado movilizado por las exigencias de los emprendimientos industriales en el siglo XIX padeció bajo formas de servidumbre más inhumanas que en los peores abusos del antiguo régimen.

Por todo lo antes dicho, es común entre los ideólogos del neoliberalismo hoy imperante concebir la historia teniendo como referente supremo el mito del progreso material y el crecimiento económico, de modo que toda la historia pasada, esto es, la experiencia humana de varios milenios, es evaluada solo conforme a la capacidad de las sociedades de generar riqueza y a la mayor o menor envergadura de sus emprendimientos industriales, como si el sentido de la evolución histórica de los pueblos, a la manera de un imperativo divino, hubiese sido esta civilización tal como la hemos conocido desde su emergencia en el siglo XIX. Con ese criterio pierden su valor todas las realizaciones de las culturas no europeas y anteriores, en su patrimonio tangible e intangible, se empañan los valores que estas representan y se juzga erróneamente sus usos y costumbres, porque esas sociedades no han generado tanta riqueza como hoy pueden hacerlo las así llamadas grandes potencias.

MUTACIÓN PSICOLÓGICA
DE LA SOCIEDAD

Esta cosmovisión, en extremo reduccionista, provoca el empobrecimiento psicológico de las masas, transformando eso que llamamos la cultura imperante en un orden concebido solo como un constructo económico y tecnológico. Tal es la obra del genial emprendedor, el gran cerebro financiero, el tecnócrata y el científico que le precede. Son ellos los que han construido el mundo que tenemos y han despojado a la ciencia de su fundamento de sabiduría para hacer de ella un saber de dominio de ilimitado poder.

Cabría preguntarse por qué este tipo de hombre es tan efectivo en su quehacer, pero tan pobre como figura humana. En la respuesta a esta interrogante hallaríamos la razón que nos permite entender que nosotros, los humanos comunes que dependemos de los poderosos, hemos sido formados a su imagen y semejanza, esto es, con una estructura psíquica enteramente vertida hacia el exterior. Pues si la así llamada cultura imperante no es más que economía y tecnología, y el mito del progreso nos impone el deber de crecer ilimitadamente y en un solo sentido, nuestra aplicación a los quehaceres de una tal aventura anula aspectos fundamentales de nuestra psique para dejarnos cautivos de las cosas que yacen, pesan y se desplazan en el acontecer exterior. Así se va generando gradualmente en la sociedad una mentalidad promedio puramente utilitaria en desmedro de nuestra identidad personal, pues lo que la cultura imperante exige en nosotros es solo rendimiento, en tanto que la persona que somos va retrocediendo en un proceso continuo de postergación hasta el olvido de sí misma. Esa postergación va empobreciendo nuestra sensibilidad, nuestra afectividad y nuestra capacidad intuitiva a la par que toda nuestra naturaleza sufre una conmoción, apremiada por la aceleración que adquieren todas las formas de la actividad social. Así va atrofiándose nuestra capacidad reflexiva para ser reemplazada por el cálculo, y en un mundo en que se pierde la capacidad de reflexionar y solo impera el cálculo, no queda espacio para la verdad ni para la felicidad, por eso la así llamada "posverdad" es un fenómeno concomitante con el malestar, el cual persiste con carácter crónico, es decir, como algo normal. Pues si se anulan aspectos fundamentales de nuestra vida psíquica con el objeto de que nuestra mente funcione solo en su parcela pensante y al modo que es propio del intelecto utilitario, esas facultades psíquicas que parecen haberse atrofiado siguen ahí, confinadas en el inconsciente, y la imposibilidad de cumplir su función propia es la causa del malestar y de la consecuente neurosis.

Esta anomalía mental deriva de la psicología que caracteriza a la sociedad patriarcal, en la que la vertiente activa y realizadora de la psique se desarrolla desmesuradamente en desmedro de la vertiente receptiva.

Con relación a esto, cabe recordar que la revolución agraria, al inventar el arado y herir la tierra para instalar los cultivos racionales, fundar la ciudad y organizar la sociedad jerárquicamente, conjuntamente y por analogía estableció el dominio masculino sobre su complemento femenino (Gen. 3,16) y sobredimensionó el valor de las virtudes paternas. Con esos antecedentes, se entiende que la civilización industrial procede del activismo del macho que, para ordenar la sociedad, ha elaborado una pedagogía en la que se excluyen las virtudes maternas de la receptividad, la mesura, la intuición y el afecto.

La ideología que sustenta una aventura histórica como la que la humanidad actual está viviendo necesita, en efecto, desacreditar la experiencia humana de los milenios anteriores para generar en cada individuo la convicción de que el sentido de la historia humana no es otro sino la búsqueda del bienestar, el que solo ha sido posible gracias a los ingenios tecnológicos actuales y a la domesticación de la energía. Así, toda la historia vivida antes vendría a ser solo una preparación para este mundo mecanizado, alimentado por los recursos naturales y servido por los recursos humanos, manejado desde oficinas situadas en diferentes pisos de altos edificios.

AL LÍMITE DE LO SOPORTABLE

Los creadores del mito del progreso han logrado convencer al hombre de mentalidad promedio, pero el precio que este ha debido pagar por su fe en este modelo es tan alto que ya se ha generalizado el sentimiento de que para la mayor parte de la población mundial el tan anhelado bienestar no es tal, al fin, sino al contrario. La gran masa urbana vive apremiada por el tiempo útil, y su creciente aceleración, al servicio de la máquina con la que quiso ser servida.

Consciente estoy, por otra parte, de que no se puede condenar en bloque a la civilización industrial, pero, en desmedro del bien que aportó al mundo, desde hace muchas décadas sus emprendimientos y realizaciones están alcanzando una peligrosa desmesura que altera gravemente nuestra vida, de manera que el bienestar ha degenerado en malestar crónico, la paz en conflicto permanente, el orden en confusión, la verdad en posverdad, esto es, la versión de los hechos que más conviene al poder que nos controla, en tanto que las masas, a nivel mundial, comienzan a dar muestras de no estar dispuestas a seguir tolerando este estado de cosas, pues ya no es un secreto para nadie que en materia de medioambiente estamos corriendo el riesgo de un colapso generalizado del orden natural. Pero, aun así, si tal no fuera el peligro anunciado, la humanidad está intuyendo, a estas alturas de la historia, que en este funcionar mecánico que anula su vida real se corre el riesgo de dejar de ser humano.

PUEBLO Y MASA

La civilización industrial masificó a los pueblos, porque el concepto de pueblo es correlativo al de cultura. Los pueblos son tales cuando están en posesión de su cultura, esto es, la estructura interior que da forma y sentido a su existencia como comunidad humana, y orienta la evolución de su devenir histórico. De la cultura procede la identidad de las naciones, porque abarca todos los aspectos de la vida y pone su sello distintivo a sus creaciones, usos y costumbres.

El concepto de masa es el contraconcepto de pueblo, y corresponde en los hechos a un conglomerado humano amorfo, carente de estructura interior. Si la cultura vivida por un pueblo le confiere a su gente sabiduría, virtud, creatividad e identidad, la masa, por el contrario, al ser desarraigada del espacio espiritual de su cultura, pierde esas aptitudes, en tanto que los individuos son despojados de su carácter original de personas para ser uniformados por los lugares comunes de una racionalidad ajena en todo a la noción de sentido y de trascendencia. Así, la vida, que es un don, se vuelve un problema, y el vivir se reduce al solo hecho de solucionar esos problemas.

Fue la civilización industrial la que produjo ese tipo de hombre afectado por múltiples carencias, que vive en conglomerados urbanos donde los individuos están físicamente juntos, pero no son comunidad. Creó también los espacios indiferenciados donde desaparece el arte de habitar la Tierra, y con él, las tradiciones de sabiduría y prudencia de los pueblos, para en seguida insertarse en la pura mecánica de una existencia sin alma ni valores. Fue la civilización industrial la que creó esas masas de hombres que venden su fuerza de trabajo para enfrentarse a una existencia sin más contenido que el esfuerzo laboral exigido por un sistema en el que delegan sus aptitudes en especialistas, productores e intermediarios para transformarse ellos en consumidores y usuarios pasivos.

GÉNESIS DE LA CULTURA

Para una mejor comprensión de lo dicho hasta aquí, no se puede omitir una reflexión sobre cómo se generan las culturas históricas, porque si bien el tema parece una digresión, no lo es en cuanto el colapso de una cultura implica la pérdida de los valores fundamentales en que se sustenta su devenir histórico, y esa pérdida, que es advertida y sufrida por el sector más lúcido de la sociedad, obliga a una reconsideración del proceso de la génesis y vigencia secular de esos valores hasta el punto de inflexión en que comienzan a perderse.

Toda cultura nace de un acontecimiento espiritual, el cual ocurre en el seno de una sociedad destinada a vivir un proceso gradual de integración. Este suceso, en su apariencia, suele presentarse como un hecho insignificante e ignorado por la sociedad, y solo conocido por los más próximos a la fuente de su procedencia. Esa fuente se identifica siempre con la vocación de un hombre carismático revestido de una autoridad que trasciende toda forma de autoridad conocida en el mundo, quien comunica a los pueblos un mensaje que contiene una nueva concepción del hombre y su destino, de la sociedad y del mundo todo.

Si bien el mensaje de esos hombres, en el inicio de su ministerio, sufre contradicción y ellos mismos son rechazados y hasta perseguidos por un sector de la sociedad, especialmente por quienes ejercen el poder, la trascendencia del mensaje termina por imponerse y transformarse en un referente supremo que nos enseña el sentido de la vida. Es en torno a ese referente que se constituyen los pueblos y las naciones. Y así la posterioridad podrá entender, después de transcurridos varios siglos, que tal fue el proceso del nacimiento y desarrollo de una nueva cultura.

Este proceso histórico es el que se observa en el caso de la vocación de Mahoma, el profeta de Arabia y fundador de la cultura islámica; también el caso de la vocación de Kung Fu Tze (Confucio), fundador de la cultura clásica china.

En lo que se refiere a la cultura occidental, su origen se remonta hasta el profeta judío Jesús de Nazaret, quien siendo un humilde carpintero trajo al mundo una Buena Nueva capaz de cambiar el paradigma de civilización de su época y fundar una nueva cultura en Europa y Medio Oriente. Los hombres se congregaron en torno a nuevas verdades fundamentales y surgieron nuevas motivaciones para el quehacer humano; se liberó la creatividad de los pueblos y surgió el sello identitario que marcó todas las formas de vida, creaciones, usos y costumbres del nuevo orden.

Visto así el fenómeno del nacimiento de una cultura, se llega a la conclusión de que el acontecimiento que inicia su proceso histórico es como una simiente pequeña, pero de la que ha de surgir un gran árbol cuya vida puede durar varios milenios. Esa simiente es espiritual, con lo cual no se pretende decir necesariamente que sea "religiosa", como el caso de Confucio lo demuestra, aunque posteriormente las verdades fundamentales que trae al mundo pueden generar un culto, lo cual es de importancia secundaria para la comprensión del fenómeno.

SENTIDO DE TRASCENDENCIA

Decir que el impulso original que da nacimiento a una cultura es un acontecimiento espiritual significa que la fuerza que congrega a los hombres y los constituye como pueblos y naciones es interior, incide en el fundamento de la conciencia y da sentido a la existencia. Ese sentido no es personal sino comunitario, y genera patrones de pensamiento y de conducta que lo expresan, pues el fenómeno mismo de la conciencia es correlativo a la noción de sentido y de destino. Todas las culturas, desde sus orígenes, se han basado en la noción de un destino trascendente de la criatura humana. En todas las culturas, el pacto social se ha hecho no en relación a cómo los hombres se organizan para producir, sino en referencia al sentido. Sin asumir como comunidad las verdades que expresan el sentido, la conciencia humana carecería de fundamento para hacer del hombre un habitante del mundo que comparte su vida y su destino con otros de su especie en un orden social establecido.

Aquello no le resta importancia al hecho de que el pacto social incluye necesariamente una forma de organización para producir, pero esta supone la congregación previa de los hombres en torno a esas verdades fundamentales que dan sentido y forma a la sociedad.

DECADENCIA Y COLAPSO
DE LAS CULTURAS

Las culturas no son eternas; se desgastan. Están vivas y creativas mientras son animadas por el espíritu del acontecimiento que las hizo nacer y les dio su organización interior y sus valores. Las grandes culturas emprenden grandes obras y generan formas complejas de vida. Y ocurre que la creciente envergadura de las obras y de la complejidad de la trama de la actividad social, a través de los siglos, va generando una transformación en el alma de las naciones, debilitando el vigor interior de las personas y aumentando la actividad por lo que la conciencia se ve en la obligación de proyectarse constantemente hacia el exterior, formándose al fin el tipo humano cautivo de la problemática del mundo, esto es, cautivo de su propia obra, lo cual anula la lucidez del espíritu que antes le permitía tener presentes los valores que constituían el fundamento de su cultura.

Así se genera el apego de la psique humana a los quehaceres y bienes materiales, justamente por las carencias interiores de una psique empobrecida y escindida que se siente en la necesidad de agregarse cosas para suplir sus insuficiencias. Y si esta degradación psíquica se generaliza, como ocurre en nuestro tiempo, en ello debemos hallar el retrato psicológico promedio del hombre contemporáneo y la razón última de la actual etapa de desmesura y vacío espiritual de la civilización industrial. Pues los grandes emprendimientos y las enormes ganancias que generan no son más que el resultado de las necesidades, en gran parte artificiales, que la civilización industrial ha creado para instalar sus mercados y definir cómo debe vivir el tipo humano que ha contribuido a generar.

Tal es el proceso por el que la así llamada cultura cristiana dejó de serlo, lo que no quiere decir que la fe cristiana haya desaparecido del mundo, sino tan solo que el paradigma en que se basa hoy la actividad y el pensamiento de la sociedad occidental es del todo ajeno al Evangelio de Jesucristo, lo cual, sin embargo, la teología católica justifica mediante el concepto de "autonomía de lo temporal".

EL AGOTAMIENTO DEL ESPÍRITU Y EL INCREMENTO DE LA VIOLENCIA

En razón de lo investigado hasta aquí sobre las raíces más profundas de la crisis de nuestro modelo de civilización, se entiende que los diagnósticos que se dan de ordinario sobre este tema no penetran más hondo que el mismo nivel en que surgen los problemas que dejan en evidencia su creciente deterioro. Son pocos los que en sus análisis de la situación histórica en que vivimos intuyen que su causa más profunda y última es un tipo humano.

La mayor parte de la población mundial, hacinada en sus complejos urbanos, no percibe que sus patrones de pensamiento pertenecen a un modelo humano especial, generado por las formas de vida que la civilización industrial impuso a la sociedad. Imposibilitado de verse a sí mismo, el hombre contemporáneo, con su mente proyectada hacia afuera, ignora por qué él es como es. Si llegara a entender que solo es una versión muy disminuida y deficitaria de nuestra especie, no lo podría soportar.

Así, la ausencia de valores fundamentales, de la noción de sentido y la falta de un referente trascendente que sustente la conciencia del *homo sapiens* en esta peligrosa fase de su evolución, hace imposible mantener un orden ético, pues ya no existen las motivaciones superiores para amar a nuestro prójimo y obrar rectamente por principio. La carencia de un referente trascendente para concebir el destino de la criatura humana pone fin a la vigencia real de los valores en que se fundamentó la cultura histórica, la que va desapareciendo gradualmente y, con ella, la espontánea tendencia de la voluntad a la autosuperación.

Tal es la razón de por qué el imperativo del crecimiento ilimitado es inseparable de la violencia, pues el incremento del poder que crea a las grandes potencias es un fenómeno que opera mediante una mecánica de competitividad. Todo centro de poder necesariamente se da en el contexto mayor de otros centros de poder con los que se enfrenta y rivaliza. El límite de ese incremento es la guerra, pues no hay centro de poder que no tienda a expandirse. Las dos guerras mundiales que nos han precedido y las otras menores que se han sucedido con regularidad hasta nuestro tiempo han logrado borrar de la conciencia de la humanidad todo vestigio de los valores de la cultura occidental cristiana, para dejarnos un mundo manejado por el frío cálculo político, económico y táctico y la astucia para moverse conforme a una posverdad.

DESMESURA Y VIOLENCIA EN EL LENGUAJE

Pero la violencia que se manifiesta en las guerras no es más que el estallido espectacular de otra violencia subterránea e implícita en el orden vigente: la violencia con que hemos elaborado un saber para adquirir poder sobre todas las cosas. Con relación a esto, cabe recordar que toda la filosofía utilitaria inglesa se ha resumido en la célebre frase de Francis Bacon, "saber es poder", con lo cual el valor del conocimiento se desplaza de la verdad a la utilidad. Ese saber pretende ser objetivo, en el sentido de formular en palabras y cifras lo que son en sí las cosas conocidas. Tal es la raíz última de la violencia humana pues, para elaborar ese sistema de entendimiento, los hombres deben ser transformados mediante un proceso por el cual la psique desarrolla en exclusividad una parte de sí en desmedro de otras. Así se genera la unilateralidad de la visión, lo que en la mitología clásica era representado por gigantes provistos de un solo ojo, que simbolizaban la brutalidad.

Y ocurre que esa unilateralidad de la visión, debido a su misma exclusividad, genera la desmesura de los emprendimientos y proyectos de la civilización, elaborando un lenguaje apto para la apropiación de lo nombrado que, en sí, y por su propia naturaleza, ejerce poder sobre todo lo que entra en la mecánica de su discurso.

Ese sistema cognitivo-verbal es la facultad pensante de una mente escindida que se niega a habitar el mundo premunida de la totalidad integrada de su constelación psíquica, pues al fin se entiende que la desmesura proviene del proyecto de mundo que concibe esa única función pensante del ser humano, operando sin el equilibrio que podría darle la mesura de una actividad psíquica integrada en todos sus aspectos, y que, por eso mismo, se integra a la realidad sin el propósito preestablecido de explotarla y consumirla.

Con esto hemos logrado determinar una característica muy propia del hombre moderno y, por ende, de la modernidad misma como cosmovisión. La modernidad es mecánica, no orgánica. Disocia de un modo absoluto al sujeto del objeto, conoce el mundo mediante vocablos abstraídos de la presencia concreta de las cosas, por eso se aparta de la naturaleza e inventa la realidad. Desconoce el orden dado y solo define como real lo que se halla en el ámbito del orden construido. Carece de la intuición y la sensibilidad que se requieren para hacer consciente la interrelación armónica de la vida planetaria. La modernidad generaliza para definir todo conforme a un propósito preestablecido en el propósito global de una sociedad dominadora.

Si nuestra psique no estuviera escindida, no nos impondríamos la tarea de conocerlo todo, sino solo lo que favorece la vida de las comunidades humanas. Y es justamente la tendencia titánica de los emprendimientos industriales lo que desequilibra todo el orden social, pues el intelecto por asociación, y bajo la ilusión de representar fielmente la realidad en su discurso, no conoce límite en sus cálculos y proyectos, porque ve el mundo como una reserva de materia y energía a su entera disposición, esto es, el orden dado reducido a materia prima del orden construido.

HACIA UN CAMBIO DE PARADIGMA

Hace tiempo que algunos pensadores modernos se vienen refiriendo al convulsionado siglo XX como a un hito que marca un giro en la historia hacia un nuevo paradigma cultural. Sus argumentos en ese sentido aportan luces sobre la gran interrogante que plantean dos guerras mundiales y tantos otros conflictos armados que se han sucedido desde entonces hasta hoy. Y si a esto agregamos la crisis que hoy estremece a la población de todos los países en forma de rebelión ciudadana contra una organización social y política que se considera básicamente injusta, opresiva y en extremo peligrosa, podría llegarse a la conclusión de que tanto conflicto y sufrimiento podrían ser, al fin, dolores de parto causados por el nacimiento de un nuevo paradigma cultural.

El ejemplo que tenemos más a mano de un fenómeno semejante es el del colapso de la civilización clásica europea, esto es, la grecolatina, gobernada por el Imperio romano, cuyo final, estremecido por una violencia inaudita, culminó con la invasión de las etnias bárbaras del norte y del este, acabando con todo un orden civilizado que pretendió erigirse como modelo ante el mundo.

Lo que más interesa destacar del fenómeno, y que podría incluso ser considerado como una ley histórica, es que el proceso por el cual colapsa un orden o paradigma cultural es correlativo a la contracción y reducción a casi nada del proceso naciente del nuevo orden. Sin embargo, el orden vigente, aunque herido de muerte, sigue avanzando como desde hace siglos lo viene haciendo, desplegando su poder hasta situaciones de extremo riesgo, las cuales no son advertidas en toda su gravedad por la clase dirigente, pues los que

ejercen el poder, por efecto de la decadencia psicológica y moral existente, sufren una considerable reducción en su capacidad mental, y como siempre ocurre
en estos casos, para solucionar los graves problemas
que aquejan a la sociedad toda, se termina haciendo
justamente lo que provoca y acelera el colapso,
pues, confundidos con la abrumadora complejidad
de los fenómenos del entorno, se hallan incapacita-
dos para ver con claridad la verdadera dirección del
acontecer.

Justo en ese momento crítico surge la simiente
del nuevo orden de un modo extremadamente insignificante, expuesta a ser, en apariencia, fácilmente
aniquilada. Los casos anteriormente citados del nacimiento de las culturas contienen el ejemplo preciso de
la desproporción entre la enormidad de la masa que se
desintegra y la aparente insignificancia del organismo
que se está gestando.

Esa desproporción es paradójica, pues todo el
poder para hacer y deshacer está en manos de aquellos que inexorablemente marchan hacia el fin del
orden que defienden y representan, en tanto que
la posibilidad de quedar reducidos a nada es lo que
caracteriza a aquellos que, contra todo lo previsible,
son los portadores de un poder interior que ninguna
adversidad puede oponerse a la realización de su obra
histórica, que no es otra que el advenimiento de un
nuevo orden. Este cuadro debe ser una luz de alerta
para quienes detentan el poder. Alerta, primero que

nada, para observar con cuidado el acontecer y, en seguida, para tomar decisiones cuyas consecuencias se pueden prever solo conociendo en profundidad el contexto en el que se actúa. Pues el extremo poder contiene en sí mismo el engaño acerca de las consecuencias de sus actos. Cuando todo lo que se hace es de grandes dimensiones, se produce una situación que la filosofía política china denomina "la preponderancia de lo grande". Por lo general, esas situaciones las han protagonizado los grandes en la total inconsciencia de lo que realmente son. Confucio las compara con una gruesa viga cuyos soportes laterales son muy débiles. Tal es la paradoja: la debilidad de los fuertes y la secreta fuerza de los débiles. La célebre sentencia de Jesús, "los últimos serán los primeros", parece aludir a esta paradoja. El refrán chileno que dice: "Lo que con fuerza empieza suele no ser durable", se refiere a lo mismo, así también la célebre metáfora del profeta Daniel, del "coloso con los pies de barro".

El sabio popular lo sabe, pero el señor ministro lo ignora. Toda gran demostración de fuerza es signo de debilidad real. En esto reside el secreto del acontecer histórico y la trampa que a sí mismo se tiende el extremo poder. Por eso el sabio chino Lao Tse en su filosofía política sostiene que el hombre sabio rechaza la grandeza y que hacerse poderoso es contrario al sentido del mundo (Tao).

EL PRECIO DE LA GRANDEZA

En lo que concierne a nuestra historia, la de nuestra civilización, ya está de sobra probado el alto precio en vidas humanas que hemos pagado por la grandeza de los grandes, solo que ahora tenemos un nuevo argumento que los antiguos no pudieron invocar contra la desmesura de los imperios. Ese argumento, que no puede ser refutado porque es una evidencia, es la desarticulación de la trama de la vida planetaria.

El proceso por el cual la civilización industrial ha podido llegar a este *impasse*, al que se suma la pobreza en gran escala de miles de millones con altos índices de mortalidad por inanición y enfermedades, deja en evidencia la verdadera raíz del mal, que no es otra sino la de un tipo humano carente de virtud y sabiduría, cada vez menos humano, por padecer una degradación interior que lo induce al deseo y a la necesidad de ser opulento y poderoso, y ejercer dominio sobre todo lo que se pueda, sin reparar en el precio en vidas humanas que haya que pagar, pues todo parece justificado por la filosofía de vida que sustenta el imperativo de generar riqueza y alcanzar el grado de desarrollo de una gran potencia.

Las estadísticas en ese sentido son elocuentes: 15 millones de muertos en la Primera Guerra Mundial, 66 millones en la Segunda Guerra Mundial, 40 millones en la Revolución china, 20 millones en la Revolución rusa y el gobierno de José Stalin, 26 millones de muertos por inanición en la India británica por especulación en el precio de los alimentos, 10 millones en el proceso de la constitución de la República libre del Congo, 6 millones de judíos en los campos de exterminio nazi, 4 millones en la guerra de Vietnam, y así suma y sigue.

Hasta hace poco tiempo la evidencia del efecto disociador del extremo poder era tal solo para una minoría de gente lúcida. Afortunadamente hoy esa lucidez parece querer extenderse hacia sectores de la población mundial que antes penaban en la inconsciencia, cuya sensibilidad se ha afinado y capacitado para percibir lo que antes se soportaba como normal, pues era mirado como una etapa más de la evolución histórica. Todos vivíamos el día a día de nuestra existencia sabiendo que existen guerras y grandes potencias rivales, enormes concentraciones urbanas de gente a quienes les cuesta vivir, pero nada de eso era cuestionado en sus fundamentos, pues todos seguíamos obnubilados por el mito del progreso. El mundo conservaba aún algunos rasgos de una vida pasada más tranquila y humana, lo cual era visible en la apariencia de nuestras ciudades, donde la casa habitación era construida conforme a una estética que reflejaba el carácter de su dueño y su familia, pero una vez desvanecida esa reminiscencia solo nos va quedando la descarnada violencia de este mundo mecanizado que se ha ido formando después de la Segunda Guerra Mundial. Hoy vivimos en el caos social y la creciente amenaza del cambio climático, que ya para algunos países no es solo amenaza sino un desastre consumado. Tenemos, además, la evidencia de nuestra vulnerabilidad por el contagio mundial de una peste capaz de alterar gravemente la organización de la sociedad moderna en todos sus aspectos. Sufrimos la inhumanidad del acontecer cotidiano y la peligrosidad creciente de este mundo globalizado, susceptible, más que antes, de ser afectado por las decisiones de los más poderosos, cuyos desacuerdos ponen en peligro la paz mundial, que parece depender ahora del arbitrio de mandamases cuyos actos de gobierno obedecen a patrones de conducta autorreferentes y caprichosos. Seres que pertenecen al sector carente de cultura de su país, que piensan solo en términos económicos y estratégicos, proclives a los golpes de poder para dar satisfacción al sector más básico de la población que nada entiende de la dinámica social y pide mano firme al gobierno para asegurar la continuidad del *statu quo* que favorece sus intereses. Esos seres, totalmente negados para entender qué es el orden natural y cuáles son las leyes que lo rigen, en cuyos países hay grandes reservas naturales vivas y que, contra todos los acuerdos internacionales para salvar la biósfera, entregan sus reservas naturales a la explotación comercial, porque eso es lo que corresponde hacer en un mundo que progresa.

Cuando esa clase de hombres básicos, que debiesen ocupar puestos subordinados en la sociedad, escalan hasta la cima del poder —porque los seres básicos de la ciudadanía han llegado a ser mayoría y piden ser gobernados por seres tan básicos como ellos—, entonces el mundo se halla en una situación en extremo peligrosa, pues la pérdida del sentido está ahora reforzada por un vacío espiritual que lo impregna todo: el déficit de humanidad de aquellos que pueden arrastrarnos a cualquier locura so pretexto de hacer grande a su país. Y si tales son las características psicológicas de los que detentan el mayor poder entre las naciones, el retrato psicológico de los que gobiernan países de menor influencia o desarrollo, tiende, por una ley de analogía inevitable, a seguir el modelo de sus mayores, pues son estos quienes imponen las reglas del juego político.

A este respecto, y a modo de ejemplo, es oportuno recordar que el famoso multimillonario británico Bill Gates aconsejó en una ocasión al presidente de Chile acerca de lo que él entiende como prioridades en materia de educación, las cuales, según el magnate, son: ciencia y tecnología, competitividad y mediciones. Cierto es, por otra parte, que las universidades, en el mundo que tenemos hoy, están forzadas a competir y necesitan estar al día en la investigación científica y tecnológica, pues el mundo en el que los futuros profesionales deben insertarse y el desarrollo del país así lo requieren. Pero el ejemplo invocado pesa más por lo que omite que por lo que afirma, porque es obvio que el hombre más rico del mundo no aconsejaría en materia de educación nada que no se aviniera con los intereses del reducido grupo de privilegiados al que él pertenece, que por lo demás maneja el mundo desde la trastienda del poder político. Y lo que el ejemplo omite es todo lo referente al sujeto en sí como ser humano y el imperativo espiritual y ético que pesa sobre todos los hombres de ser formados como seres psicológicamente integrados y éticamente confiables, pues la ciencia y la tecnología, manejada por seres carentes del desarrollo interior que se requiere, se transforman en un instrumento y agente de alta peligrosidad, capaz de erradicar la vida de la Tierra. El hombre más inteligente del siglo XX, Albert Einstein, en un momento crucial de su vida, puso la ciencia al servicio de la muerte al entregar su fórmula de la energía $E=mC^2$ para la fabricación de la bomba atómica. Ese es un buen ejemplo del peligro que aún pesa sobre nuestras cabezas.

EXCLUSIÓN DEL SUJETO

Si en el ejemplo anterior sobre los consejos de Bill Gates se omite al sujeto como tal, es porque el mundo que tenemos hoy es solo un constructo tecno-financiero en el que el hombre es el elemento derivado de la cuestión principal, la cual conlleva su propia dinámica para generar cooperación entre los hombres, porque aquello que todas las culturas históricas han entendido por virtud y sabiduría no es lo que conviene a este sistema, ni tampoco la concepción del hombre cuyo paso por este mundo es guiado por un destino trascendente. Tampoco conviene al sistema la noción de perfectibilidad cualitativa del hombre, pues según la racionalidad imperante todos somos, en plenitud humana, eso que demostramos ser espontáneamente a lo largo de nuestra existencia, de manera que en nuestra esencia ya estamos realizados, y solo necesitamos un aprendizaje de saberes preestablecidos que nos haga aptos para insertarnos en la máquina de esta civilización, pues en este hito de nuestra evolución hemos llegado a la meta de todos los anhelos y esfuerzos de las generaciones que nos precedieron por siglos y milenios.

DEFECCIÓN DE EUROPA

La constitución de la Unión Europea fue redactada por el expresidente de Francia, Valéry Giscard d'Estaing. En su proyecto original hacía mención a la tradición cristiana de la cultura europea, referencia que posteriormente los representantes de los gobiernos de las naciones asociadas eliminaron. Y es obvio que haya habido consenso en ese sentido, pues los europeos contemporáneos tienen proyectos a futuro para los que no les resulta conveniente que siga pesando sobre ellos la concepción del hombre y del orden que se desprende del Evangelio de Jesucristo.

Siempre ha existido en los patrones de pensamiento y conducta de los europeos un supuesto básico de ética y conciencia cristiana que todos, hasta los más perversos, concebían como el deber ser, lo que era más patente en los estratos modestos de la sociedad, especialmente en el campesinado. El relativismo imperante en la actualidad por el que todo puede ser válido y viable —por no haber un referente trascendente que establezca los valores que deben servir de fundamento a la conducta humana— está marcando el fin de la era cristiana, pues para el mundo que tenemos y tendremos, la concepción de un ser supremo y de un destino trascendente de la criatura humana, el amor y la sabiduría, son como cuerpos extraños en una sociedad de rendimiento.

Este giro en la historia de Occidente se ha extendido también a los países de diferentes tradiciones culturales, pues todos, al asumir este modelo de civilización industrial, por la violencia que esta ejerce sobre la psique humana, y por la mecanización de la vida y la aceleración del acontecer que provoca, genera el fenómeno de la aculturación que conlleva la sustitución del sentido por el bienestar. Así, el individuo de las sociedades que sufren esta degradación es emparejado por lo bajo en un mismo nivel de conciencia.

EL CASO DE CHILE

Mencioné anteriormente en este escrito que la actual crisis social y política de nuestro país no es más que la versión chilena de una megacrisis de dimensiones mundiales que se manifiesta en lo inmediato mediante la protesta directa de la ciudadanía que sale a las calles en grandes multitudes para reclamar por un modelo de sociedad injusto y opresivo, cuyos gobernantes y mandamases manejan a su antojo, llevando al mundo a situaciones intolerables y de extremo peligro en lo político y en lo ambiental. En el desarrollo del texto he procurado aproximarme a la idea de que, bajo esas apariencias, algunos —entre los cuales me cuento— percibimos un mar de fondo que le da una significación más amplia al fenómeno en el sentido de que la protesta mundial contra el modelo de sociedad actual, más allá de las causas inmediatas que la generan, responde también a un malestar generalizado que, tras las demandas sociales y las exigencias inmediatas de la ciudadanía, se insinúa como una situación límite que se está dando en las multitudes que habitan en grandes ciudades en todos los países del mundo. Las formas de vida que lleva esa gente se caracterizan por una monotonía mecánica desprovista de todo agrado, y también por una estrechez que se vuelve cada vez más insoportable, porque, aunque no se reflexione en profundidad sobre este problema, se siente que en esa forma de existir no se vive realmente.

Con todo, cabe preguntarse por qué estas formas de no vivir se soportaron durante tanto tiempo y recién ahora se produce el estallido multitudinario de la ciudadanía en todo el mundo. La respuesta esbozada en pasajes anteriores de este escrito es que aún quedaba en la sociedad un cierto vínculo con la tradición cultural de los países, entre otras razones, porque aún vivía la generación de nuestros abuelos, último eslabón de la cadena histórica de la nación. Las injusticias, desigualdades, discriminaciones, arbitrariedades y abusos se habían instalado en el mundo, pero aún no se llegaba al punto cero de la paciencia, porque inconscientemente todo lo justificaba el mito del progreso. Esa paciencia se quebró en gran medida entre nosotros por la crisis de nuestras instituciones, en la que la corrupción fue una de las causas principales de este proceso de degradación, incluyendo en él hasta a la misma Iglesia Católica.

Con el desprestigio de instituciones secularmente respetadas, la ciudadanía les quitó su aquiescencia y les manifestó su repudio. A ello contribuyó también una notoria incapacidad de nuestras autoridades para comprender en profundidad el momento histórico e ir más allá de una apreciación puramente económica de la problemática social, esa que hasta hoy fija prioridades que favorecen incondicionalmente a la inversión extranjera en nuestro territorio, dando a entender implícitamente que el constructo económico y tecnológico que define eso que llamamos "el país" para nuestras autoridades es más importante que el buen vivir de la gente. Existe una anomalía mental que se percibe en las políticas públicas orientadas al desarrollo, las cuales se supone que están destinadas a prestar servicios a la ciudadanía, pero la verdad es que en esos supuestos servicios lo que prima para el inversionista es el negocio, y así y todo, nuestras autoridades, de cualquier tendencia que sean, dan su aprobación a sus proyectos, aceptando las exigencias de las empresas, las que siempre generan resistencia de parte de la población afectada por las alteraciones que los trabajos de instalación y funcionamiento provocan en sus vidas y en el medio ambiente inmediato.

Con relación a esto, da la impresión de que los políticos, al ser elegidos y entrar en el ámbito mayor del poder, sufren una alteración mental que los obliga a pensar de un modo que no cabría en su mente si no hubiesen ascendido a un puesto desde el cual se participa en las decisiones de alguno de los tres poderes del Estado. Esa alteración incluye el absurdo como algo normal y el manejo cotidiano de la posverdad. Como sería el caso, por ejemplo, de la construcción de un edificio que se estima completo en su estructura e instalaciones, pero sin considerar el hecho de que sea o no apto para ser habitado.

La devastación del territorio que ha sufrido Chile desde larga data por las industrias extractivas sería otro buen ejemplo de ello y bien podría homologarse al saqueo sistemático de supermercados que, en respuesta, y en gran escala, sufrió el país en todas sus ciudades en las manifestaciones masivas que han caracterizado estos últimos meses. En el mismo sentido de esta lógica del absurdo cabría citar el caso de la privatización del agua, desde 1980, una de las decisiones más insensatas emanadas de nuestras autoridades, lo que trajo como consecuencia el insólito hecho de que sobre este elemento vital es la minería y no la gente la que tiene el privilegio de usarlo como prioridad. Está también el caso de los intentos que se hicieron para aprobar en Chile la Ley Monsanto, que daría entrada al país a una poderosa empresa productora de transgénicos, en circunstancias que el gobernante de turno estaba en antecedentes de los graves inconvenientes de legalizar una actividad industrial como esa, puesto que conlleva el peligro de la contaminación de nuestra agricultura y permite privatizar las semillas, medida procedente de una dictadura económica de hecho, y eso durante un gobierno que definía su tendencia hacia la izquierda progresista.

Ejemplos como estos dejan en evidencia que el mito del progreso es más mitológico que lo que podamos creer. Eso explica por qué en una ceremonia del traspaso del poder en el Congreso, en Valparaíso, el presidente entrante ordenó al presidente del Senado que instalara una tribuna con aposentadurías para cien empresarios extranjeros de todas las naciones, quienes presenciaron el acto, y a quienes el nuevo mandatario, en su discurso, ofreció el país para que explotaran sus riquezas naturales. Ese mismo presidente, en una de sus visitas al sur del país, ante una muchedumbre de gente modesta, anunció con gran énfasis que él ofrecía lo mejor para la zona, y eso que ofrecía se llamaba la "modernidad".

Ante este cuadro de fenomenología psicológica, nuestros especialistas en problemas de la mente humana tienen un amplio frente para sus investigaciones.

Todavía en aquellos tiempos, no tan lejanos, la ciudadanía podía tragarse esos giros torcidos del discurso público en su ignorancia y falta de sentido crítico, pero la situación mundial de la actual humanidad hacinada en grandes concentraciones urbanas parece querer despertar del letargo de una existencia cuya cotidianeidad es cada vez más ingrata. Ahora tiene muchas demandas que hacer a sus gobiernos, tiene mucho que criticar sobre la idoneidad de sus autoridades y la ética gubernamental, sus abusos de poder en la implementación de proyectos que favorecen a la casta privilegiada de los inversionistas, pero sobre todo tiene mucho que lamentar, porque su vida es estrecha y artificial, y cada vez menos humana. Ese aspecto del problema es como lo que antes denominamos "mar de fondo", algo que cubre todo el subsuelo de nuestra vida, porque es el resultado de una concepción del mundo en que únicamente el orden construido es el orden verdadero, en tanto que el orden dado, del que forma parte nuestra especie, todos los seres vivos y los elementos, no pasa de ser una reserva de recursos.

El gran malestar de esta humanidad sometida tiene varias facetas. Una de ellas, la más patente y fácil de entender, es la injusticia que genera las grandes desigualdades sociales que reducen a la mayor parte de la población a una vida estrecha al límite de lo soportable, esa pobreza extendida y masificada del ciudadano común y anónimo en una sociedad de consumo y rendimiento en la que el acceso a los bienes y servicios ofrecidos lo puede tener únicamente el que es económicamente apto. Así se genera una masa ciudadana que vive en deuda permanente.

Es probable que la mayor parte de nuestro pueblo no pueda reflexionar a fondo sobre las causas y la naturaleza de su malestar, acostumbrado a pensar su vida solo en términos económicos —siguiendo el ejemplo de sus gobernantes—, y que crea que la solución para su modesta existencia solo consista en que su trabajo sea mejor remunerado y su vejez mejor pensionada, pero contra esa pobre inconsciencia se alza ahora un sector nada despreciable que es capaz de una reflexión profunda y ve más allá de las apariencias. Ese sector de la ciudadanía es el que ve en esta crisis el agotamiento del tipo de sociedad que ha generado la civilización industrial, entre otras razones porque ha encerrado a la humanidad en nichos de vida artificial hasta la completa anulación de nuestra experiencia del orden natural y el efecto benéfico, vitalizador e inspirador que sobre la psique humana debe ejercer el concierto de los seres vivos y los elementos. Pero ese aspecto del malestar general pertenece al ámbito del inconsciente colectivo. Es como si el hombre natural que hay en nosotros por memoria genética, y pese a todo el artificio de nuestras formas actuales de vida, exigiera su parte y su lugar en la sinarquía de la tierra madre, pero que al no ser esto posible, expresa su malestar ciegamente en la destrucción de las cosas que en una ciudad representan ese orden artificial que cambió el vivir de los humanos por el simple funcionar como una pieza más en la máquina de esta civilización. Los que tal hacen en esos momentos de ciega violencia ignoran el real significado de lo que están haciendo. Ellos son los totalmente excluidos y todo lo que una ciudad contiene como fruto del progreso les es hostil, como si todo aquello fuese siempre para otros más afortunados. Su misma violencia deja en evidencia cómo ellos se ven a sí mismos. Y algo semejante, pero a una escala millones de veces mayor, ocurre en las guerras modernas capaces de arrasar con ciudades enteras dejando solo escombros humeantes, lo que viene ocurriendo periódicamente en el mundo desde el siglo pasado.

Hay en todo esto una doble lectura que puede dejar al descubierto los más profundos abismos de la psique humana.

TOMÁNDOLE EL PULSO
A LA SOCIEDAD

Es preciso tomarle el pulso a la sociedad de alguna manera para averiguar quién es ahora esa gente lúcida capaz de tomar conciencia de lo que nos está sucediendo. Tal ha sido la tarea que me propuse realizar durante tres años mediante una encuesta realizada a los alumnos de un curso sobre sabiduría chilena de tradición oral. Es un curso electivo en el cual se pueden inscribir alumnos de diversas carreras, lo cual le da más crédito al resultado de la encuesta.

Como profesor, se me ocurrió realizar este sondeo de opinión por tratarse de una materia en que los alumnos debían enfrentarse a la raíz de la cultura nacional, destacando valores fundamentales en que se asienta la estructura espiritual de la sociedad. El resultado fue sorprendente en el sentido de que esa sabiduría les sirvió de base para aclarar su pensamiento en referencia al modelo de sociedad en que estamos viviendo, y formular una crítica sustentada en valores y temas tales como el amor, el sentido, el bien y el mal, la justicia, la verdad, el tiempo, el destino, la fe y el ser supremo.

El resultado de la encuesta reveló en los testimonios formulados que los alumnos ponían su confianza en esa tradición justamente porque era el legado de nuestros sabios populares anónimos y no provenía del pensamiento de los letrados de la cultura ilustrada.

La materia del curso incluía el refranero sapiencial, los cuentos tradicionales y algunos aforismos de la tradición oral mapuche.

La encuesta consistió en pedirle a los alumnos que en sus pruebas escritas de evaluación reservaran la última página para formular su opinión personal sobre esa sabiduría y los comentarios que les sugería el contraste que surgía de una confrontación con la racionalidad vigente en el actual modelo de sociedad.

A continuación, cito algunas respuestas de la encuesta porque con ellas nos aproximamos a eso que antes llamé "tomarle el pulso a la sociedad" con el objeto de averiguar cómo se genera y avanza la toma de conciencia sobre las raíces de esta crisis de dimensiones mundiales.

TESTIMONIOS

1. Los pueblos comienzan a tomar conciencia de que vivir solo para consumir es negar la esencia del ser humano, porque la verdad, la vida, la felicidad y el amor no se compran ni se venden. Se impone la tarea de volver a nuestras raíces y rescatar el fundamento espiritual de la vida para hallar su sentido.

2. Soy ciclista y veo a diario cómo los automovilistas no tienen respeto por sus vecinos de ruta sobre cuatro ruedas, ni menos por quienes se desplazan en dos ruedas, como yo lo hago. A pesar de eso, no creo que exista en ellos una mala intención consciente en ese trato violento de unos con otros, sino que es la mochila de descontento que se descarga a sí misma en el acto de conducir, echando fuera todo el malestar del mundo civilizado. Ni hablar del rostro compungido del pasajero del transporte público, quien carga en sus espaldas un día agotador que termina con un viaje a través de

todo Santiago, al término del cual probablemente llegue a desahogarse en su casa y sobre su propia familia.

3. Es casi imposible hoy mirar hacia nuestro interior cuando lo exterior nos domina por entero. Llevamos una vida de apariencias y consumo compulsivo mientras nuestro interior permanece clausurado. La pregunta por el sentido de la vida ha sido eliminada de nuestra mente.

4. El tiempo que rige hoy nuestra vida es engañoso, ha sido impuesto por la mecánica de la sociedad industrial. Debemos volver al tiempo real respetando los ciclos naturales de la vida.

5. Se hace necesario recuperar el lado materno de nuestra psique, nuestra capacidad intuitiva y afectiva, ya que sin ella los pueblos se han convertido en autómatas donde el afecto y la sensibilidad no tienen cabida. Nuestros sentimientos han sido anulados, porque esta sociedad no nos necesita como personas, solo nos necesita como máquinas.

6. Existen fuertes antivalores en el ambiente que constantemente contagian a las personas en estos tiempos de las comunicaciones instantáneas, del bombardeo publicitario masivo y la información dirigida; formas de ser y sentir que nos son impuestas a la fuerza y que en la globalización han hallado el mejor medio de transporte para que esta desgracia pueda llegarnos a todos.

7. Las revistas, la TV, los diarios y los anuncios en las calles nos muestran a hombres y mujeres esculpidos y perfectos que no son reales sino fabricados digitalmente. Esas figuras ideales son absorbidas inconscientemente por las personas comunes, y como se trata de un modelo inalcanzable, estas se sienten disconformes consigo mismas hasta llegar a caer en depresión y desesperación. Y eso es justamente lo que "ellos" buscan provocar, porque luego hay largas filas en las tiendas de ropa cuando comienza una temporada, filas en los consultorios de los cirujanos plásticos, filas para comprar cosméticos y pomadas en las farmacias. ¿Cuántas personas conozco que viven más sumidas en el mundo ilusorio de la TV que en sus vidas reales? ¿Cuántos que transitan por enfermedades tales como bulimia o anorexia? Y todo eso por sentirse inferiores a una imagen computarizada.

8. Se necesita una sociedad reflexiva de modo que haya lugar para el ejercicio diario de detenerse, pensar y soltar las certezas inducidas por otros, las cuales aprisionan nuestra mente. Eso se llama creatividad, sentido crítico, discernimiento propio.

9. La urbe moderna es un espacio artificial para que la humanidad entera olvide los valores que sostienen la calidad humana de los individuos.

10. El conocerse a sí mismo supone el escalafón inicial que conlleva a la sabiduría. Por el contrario, quien no se conoce a sí mismo, en el fondo, lo que hace

en su relación con otros y con el medio es estorbar el desarrollo armónico del mundo, pues en su errático andar obstaculiza el devenir de quienes sí son fieles a sí mismos.

11. La sabiduría, concepto que antes gozaba de gran prestigio, ha sido reemplazada por un velo de lugares comunes banales que nos subyugan para inducirnos a satisfacer necesidades ficticias.

12. Las mujeres no somos menos que los hombres, pero podemos llegar a serlo si no tomamos conciencia del poder y la magia vital que hay en nosotras, si no nos respetamos en nuestras cualidades específicamente femeninas. La Tierra es femenina, y es a ella a quien estamos agraviando e hiriendo día a día, violándola, manipulándola como un bien de consumo, sin respetar sus leyes. Lo mismo hace esta sociedad con sus mujeres, así como muchas de ellas hacen consigo mismas también.

13. En esta era de la intercomunicación cibernética se estimula el individualismo. Las personas adquieren una identidad virtual cerrada, idéntica a la de cualquier otro interlocutor que propone o responde textos digitados.

14. El corazón, núcleo y símbolo de nuestra interioridad, salta de alegría o se oprime de dolor. En él hay que adentrarse en el silencio, no en un mundo ajetreado. Solo una persona consciente

de sí misma es capaz de sentir lo que su corazón le dice, y seguir su consejo, porque como dice el refrán: "El corazón no miente a nadie".

15. Si nos liberáramos de este mundo banal y pragmático podríamos seguir hundiéndonos hacia una extinción masiva. Ya no tendríamos nada más que devorar, manipular, desechar. Todo se ha vuelto desechable, ya la tierra y el mar son grandes basurales, pero nuestro espíritu es trascendente y en él debemos fortalecernos para vivir y actuar desde el amor. Ya no nos queda más salida que esa.

16. Debemos volver a escuchar a nuestros antepasados sabios, pero no solo a ellos, sino también a los árboles, a las rocas, a los montes y a las aguas. No son seres inertes como pretenden los tecnócratas, están llenos de una vitalidad sutil que nuestro ser necesita.

17. ara el amor nada es imposible, pues el amor actúa como una fuerza incentivadora inagotable para alcanzar las metas deseadas, las cuales, si son alcanzadas por el amor, son necesariamente buenas. Por esta vía algunas personas obtienen lo que a otras les parece inalcanzable.

18. Todo sistema social verdadero debe fundarse sobre el amor y la justicia, pues ambos unen a las personas. Es el amor la puerta que abre un espacio de existencia para otros seres que actúan junto a uno.

Testimonios semejantes a estos sumaron unos ciento cincuenta. En todos subyace el supuesto fundamental de que el mundo en el que estos jóvenes nacieron ya no es un mundo, es decir, un orden, sino un constructo antinatural que violenta la existencia en cuanto contamina y desarticula la organización de la vida terrestre y ejerce una influencia disociadora y devastadora sobre la psique humana.

La oportunidad que tuvieron de conocer el pensamiento de los sabios populares anónimos de nuestras comunidades rurales y de algunos "kimche" (sabios) mapuche, les fue de utilidad para dar forma a sus ideas en referencia a los valores fundamentales perdidos de nuestra cultura histórica.

Es recurrente en los testimonios expuestos la idea de que el hombre contemporáneo es víctima de la opresión del poder económico y político, fenómeno que reduce su individualidad hasta hacer de él un sujeto sin identidad. Conforme a esta idea, se sugiere que la gran masa es víctima de un engaño por el hecho de participar de una racionalidad impuesta que llega a sentirse como normal, la que excluye la sabiduría y la virtud y, con ellas, la noción de sentido y de trascendencia, como también toda la gama receptiva y afectiva de la psique, a lo cual se suma también la noción del tiempo orgánico en que transcurren los ciclos naturales.

Resulta llamativa la referencia que se hace al amor como un poder que influye en la mecánica del acontecer y permite a los humanos alcanzar metas estimadas como inalcanzables.

Es interesante constatar también que estas respuestas de los alumnos a la encuesta que se les propuso, algunas de las cuales contenían una fuerte repulsa del modelo de civilización imperante, no fuera acompañada de ningún exabrupto, ningún llamado a la subversión y movilización para manifestaciones violentas, como ha sido el caso de la vasta campaña de destrucción que acompañó al estallido social de octubre de 2019. Son todas estas respuestas el fruto de una actitud reflexiva y serena, aunque hay en ellas un ingrediente patético inevitable. El grado de convicción que revelan como expresión de un pensamiento muy arraigado hace suponer que de ello pueden derivar opciones de vida diferentes a las que toman quienes aún creen que este modelo de civilización constituye efectivamente el gran logro que corona la historia humana, aunque puedo dar fe de que en las respuestas a la encuesta no hubo ni una sola que diera testimonio en ese sentido.

Llama la atención, si, que solo dos o tres respuestas mencionan a Dios, entrando en un ámbito religioso, aunque sin mucho énfasis. Todas ellas, sin embargo, tenían un sustrato espiritual a modo de una "espiritualidad humanista" cuya expresión es la sabiduría y la ética. Eso puede deberse a que, en el marco teórico que precede al estudio del refranero sapiencial, planteé como cuestión previa que en la tradición oral popular se percibe claramente que hay un género de poesía cantada en que la temática surge de las sagradas escrituras y de las grandes verdades de la fe cristiana, que genéricamente se denomina "a lo divino", en tanto que la forma de pensamiento del refranero sapiencial genera un discurso en el que las referencias a la fe son excepcionales.

En diálogos posteriores con los alumnos pude constatar que, en lo referente a las opciones de vida que se supone son coherentes con sus testimonios, todos de una u otra forma expresaron que optaban por un estilo de vida que puede llamarse simplicidad voluntaria, lo más cerca posible de la naturaleza, para lo cual algunos de ellos se juntaban con otros para hacer planes a futuro en ese sentido. Por lo general, en lo que se refiere a fundar una familia y criar hijos, la mayor parte de ellos no pensaba ese aspecto de su vida en base a la institución del matrimonio.

Esta encuesta data de algunos años atrás, por eso ahora yo me pregunto cómo habrían sido los testimonios de estos jóvenes si la encuesta hubiese tenido lugar hoy, en medio de esta pandemia y cuarentena que nos obliga a postergar todos nuestros proyectos, reduce el impulso y la dimensión de nuestro pensamiento, y altera radicalmente el día a día de nuestra existencia para forzarnos a concentrarnos casi exclusivamente en los cuidados exigidos por las circunstancias para evitar el contagio de un virus letal que avanza en oleadas invisibles, cubriendo la superficie de todas las cosas.

Con todo, estoy seguro de que a muchos de ellos no les habría pasado por desapercibida la analogía inevitable que tantos hemos hecho entre nuestra epidemia psíquica mundial y esta peste viral que hoy amenaza nuestras vidas.

NUEVO PACTO Y CULTURA ALTERNATIVA

Las demandas sociales de la ciudadanía que se han formulado a partir del 18 de octubre de 2019 son muchas, pero una parece resumirlas a todas: la de un nuevo pacto social, una denominación amplia que apunta a un diseño diferente de la organización de la sociedad. Sobre este punto alguien dijo, con ingenio, que no se trataba de cambiar de lugar las piezas del ajedrez nacional sino de cambiar el tablero en que estas se mueven.

Da la impresión de que esta expresión contiene una intuición difusa que se aproxima a la noción de un cambio de paradigma cultural, aunque no parece ser algo propio de la racionalidad chilena el alcanzar ese nivel conceptual. La lógica del pensador chileno tiende a lo taxativo y si llega a concebir la idea de un nuevo pacto social inconscientemente seguirá razonando dentro de la matriz del modelo de civilización vigente. Es una limitación que afecta a los que adhieren a una ideología.

En mis diálogos con marxistas chilenos he captado que les cuesta entender que el marxismo y el capitalismo, a pesar de sus diferencias y desde cierto punto de vista, es posible afirmar que ambos pertenecen a la misma matriz originaria de pensamiento, es decir, por sus últimas causas ambos son expresiones de una misma cosmovisión. Comparten una misma concepción materialista del hombre y su destino, así también una misma concepción de la función consciente humana y del conocimiento que en ella se genera, vale decir, que el hombre es el sujeto y el mundo es el objeto. El sujeto habita el mundo y lo conoce mediante un saber que ejerce un dominio sobre las cosas conocidas para sacar provecho de ellas. Todo ser vivo usufructúa de su entorno natural, pero vive en la seguridad vital de que él pertenece al mismo orden en el que está inserto; en tanto el hombre, guiado por un pensamiento disruptivo, expulsa de su mente la sabiduría integradora original para singularizarse en una existencia autocreada que interfiere el orden dado y termina causando grandes males a la organización de la vida planetaria.

Tanto para el marxismo como para el capitalismo, el fundamento de la cultura humana es económico, esto es, que el pacto social resulta de cómo los hombres se organizan para producir, por eso los conceptos de recursos naturales y recursos humanos pertenecen a la civilización global que homologa a ambos regímenes, y el materialismo que subyace en esas denominaciones es el mismo, formulado filosóficamente en uno, e implícito como actitud en el otro. Que en un régimen haya propiedad privada, lucro y acumulación de capital y en el otro no; que en uno el explotador sea el Estado y en el otro una empresa privada, nada de eso cambia la matriz común, cuyo sello conclusivo ineludible que la caracteriza es la desmesura, el gigantismo, producto del saber de dominio que los iguala en la base, y que ha resultado ser el distintivo más característico de la cultura occidental moderna y de toda civilización que haga suyos aquellos patrones de pensamiento y de conducta.

Llegar hasta el punto de vista en que cosas que en apariencia son muy diferentes puedan ser homologadas en sus fundamentos por ser un mismo tipo humano el que las concibe y realiza, producto de la cultura tradicional en que todos hemos sido formados, sumado al estallido social de octubre de 2019 en Chile, podría dejar en evidencia que esas manifestaciones, sus movilizaciones masivas, su abultada lista de demandas y su ola anárquica de destrucción, por muy audaces que parezcan, siguen sustentadas por la misma matriz de esta civilización con su inevitable estructura de sociedad dominadora, pues conocer el mundo mediante un saber de dominio, limitar la psique humana a su sola facultad pensante orientada únicamente hacia lo útil y provechoso, dondequiera que se halle ese tipo humano y cualquiera sea el régimen en que actúe, el resultado de sus actos será siempre el mismo.

En el caso de los partidos políticos cuyos adherentes todavía creen en la posibilidad de implantar el marxismo, parece que aún no caen en cuenta de que el ejercicio del poder, cualesquiera sean los criterios con que se haga, implica hacerse cargo del muerto, el mismo que desde la Segunda Guerra Mundial empezó a entrar en agonía. Y ese muerto, con un régimen u otro, a estas alturas de la historia es igual en todas partes, y cada vez son más los que se dan cuenta de que ya no queda vida en él.

HABLA EL SABIO POPULAR

El estallido social chileno de octubre de 2019 es un fenómeno que según la sabiduría popular puede ser discernido conforme a las siguientes sentencias: "Lo que con fuerza empieza, suele no ser durable", "Toda demostración de fuerza mayor es efímera", "El que sube a mayores suele quedar en menores", "El viento que corre cambia la veleta, pero no la torre", "Los extremos se tocan", "Para lo que hay que ver, con un ojo basta", "Quien habla con ira convierte la verdad en mentira", "Más vale encender velas que maldecir la oscuridad", "Un loco hace cien", "No es raro que a uno le falte lo que a otro le sobra", "La mentira galopa hasta que la verdad la alcanza", "El bien no hace ruido, el ruido no hace bien", "El río de la verdad corre por cauces de mentira", "Abre tu ojo si no quieres que te lo abran", "El que no cuida de lo poco mañana llorará lo mucho", "Al más sabio se le va punta", "La poca sabiduría empaña las ocurrencias", "Vivimos sobre nuestras raíces, no sobre nuestras ramas".

Entre estos pensamientos de nuestra tradición oral el primero da cuenta de una observación muy certera de la mecánica del acontecer. Esta se rige por la ley del crecimiento gradual, por la que toda mutación natural se desarrolla en un proceso de cinco etapas. La primera es el germen, primera manifestación de un futuro despliegue. En el lenguaje popular esa etapa se denomina "lo poco". Enseguida viene la etapa del crecimiento, que culmina en el punto máximo del auge. Al auge le sigue un proceso de declinación, cuyo término es la extinción.

Es en consideración a este esquema de las mutaciones del acontecer que el sabio popular deduce que lo que con fuerza empieza suele no ser durable, y que todo despliegue extraordinario de energía es necesariamente de corta duración. El sabio chino Lao Tse ejemplifica esta verdad natural diciendo que una granizada no puede durar un día. En el mismo sentido se dice que quien sube a mayores suele quedar en menores.

En el mismo sentido, el sabio popular enseña que el viento que corre cambia la veleta, pero no la torre, metáfora con la que se quiere decir que el revuelo del acontecer social que parece querer cambiarlo todo solo logra cambios superficiales, porque la torre, es decir, el paradigma que sirve de fundamento, no cambia con un estallido social, aunque esa haya sido la intención del movimiento subversivo. Los excesos del estallido se rigen por el refrán que dice: "Los extremos se tocan", y eso ocurre porque cuando una cosa adquiere cualidades extremas, se transforma en su contrario. En el caso de un estallido social con altos índices de incendios, saqueos y destrucción, estos atentados le dan argumentos al poder constituido para justificar toda forma de represión, y desprestigia la causa de los manifestantes que saben lo que están haciendo y por qué.

El refrán: "Para lo que hay que ver, con un ojo basta", contiene la intuición de que el orden imperante es fruto de la unilateralidad de la visión y de aquel tipo humano que Marcuse llama "el hombre unidimensional".

El refrán que dice: "Más vale encender velas que maldecir la oscuridad" podría aplicarse a los dos ámbitos de la disidencia, el ámbito de la protesta y el de quienes toman la iniciativa de realizar en sus propias vidas los cambios deseados para toda la sociedad, sin estimar indispensable pasar por la actitud del protestatario. Esta posición frente a la megacrisis que afecta al mundo es de capital importancia, aunque no lo parezca, por cuanto la decisión de realizar esos cambios se enfrenta a la necesidad de cambiarlo todo, lo cual es inconcebible si no se realiza en comunidades de familia y otras formas minoritarias de asociación. Se trata de una mutación de gran envergadura que abarca múltiples aspectos los cuales comienzan por una conversión espiritual y un trabajo de auto-superación psíquica, y siguen por la salud, la educación, la organización, el trabajo, la cooperación y la economía.

Los que durante las manifestaciones masivas del estallido social de octubre de 2019 dijeron que lo que Chile necesita es un nuevo pacto social, ignoran quizás que desde hace muchas décadas y en todas las latitudes del mundo hay gente que ha elaborado una cosmovisión muy diferente a la de este modelo de civilización puramente económico y tecnológico y han adoptado formas de vida independientes del mercado y de las directrices políticas de los países.

EL NUEVO PARADIGMA

El filósofo norteamericano Morris Berman, entre otros pensadores contemporáneos, en su libro *El reencantamiento del mundo* introdujo en el debate de las ideas el concepto de cambio de paradigma cultural o de modelo de sociedad para referirse a un fenómeno que venía emergiendo lentamente desde mediados del siglo XX.

Las personas en quienes operó este cambio de dirección en su cosmovisión empezaron a usar la expresión "cultura alternativa", la que parece ir más allá que la de "nuevo pacto social" pues esta última supone un nuevo ordenamiento, pero sobre la misma matriz de la civilización industrial vigente; en tanto que la otra, la alternativa, supone un cambio en el fundamento mismo. La motivación que incentivó a las personas que tomaron estas iniciativas fue en muchos casos la aguda convicción de que la desmesura de las realizaciones de la civilización industrial está causando graves daños a la organización de la vida planetaria, a la sociedad y al individuo en su equilibrio psicológico y su comportamiento ético, y que nuestra cultura occidental ha perdido todos sus valores fundamentales, evolucionando hacia conflictos de poder que han provocado guerras mundiales y otras parciales que continúan hasta nuestros días.

Otros han llegado a las mismas conclusiones sobre la presente megacrisis y visualizan para ella soluciones que implican cambios radicales en los patrones de conducta y de pensamiento. Su toma de conciencia se funda en el diagnóstico que la ecología ha emitido actualmente sobre el cambio climático y sus consecuencias a corto y largo plazo. Desde esa óptica, se afirma que esta megacrisis afecta a todos los elementos y formas vivas, vegetales y animales. Con una visión integradora de la organización de la vida, se llega a la conclusión de que no es posible solucionar aspectos aislados de la crisis pues ello actuaría en desmedro de las soluciones que podría darse a otros aspectos. La totalidad de la crisis constituye un único síndrome-crisis del desarrollo mundial.

Por lo antes mencionado ha surgido una crítica severa al concepto de "crecimiento", puesto que ya se ha comprobado que no es posible enfrentar la crisis con las premisas ideológicas y científicas tradicionales.

Hasta hoy, el crecimiento en el mundo ha operado sin considerar el contexto de los factores naturales y sociales, pues tanto para el ecologista moderno como para el indígena y el campesino, la naturaleza evoluciona como una organización global, y eso es especialmente perceptible cuando los ecosistemas intervenidos se aproximan al colapso.

Pero esta globalidad sistémica no se observa solo en el orden natural, sino que también afecta a la sociedad toda, en la que hoy impera una violencia básica que culmina en la amenaza de un posible conflicto nuclear y una escalada de la violencia delictiva y terrorista que comienza a ser crónica.

El pensamiento ecológico moderno llama a esta forma "crecimiento indiferenciado", proponiendo como solución un "crecimiento orgánico" enraizado en un modelo de representación del mundo que globaliza todos los aspectos, sustituyendo un modo de relación del hombre con el mundo por otro. La noción tradicional en esta materia ha sido la de imponer a la naturaleza el diseño utilitario del hombre. Esa idea debe cambiar hacia un ajuste de la actividad humana al "Plan Maestro de la Naturaleza", pero esa transición, que se puede resumir en esa fórmula, implica cambios tan radicales en nuestros patrones de conducta y de pensamiento que, de llegar a realizarse, sería como generar una nueva humanidad.

Algunos ecologistas han concebido la utopía del no crecimiento, que bien sería posible si la civilización mundial fuera una entidad uniforme, pero resulta que lo que impera en el mundo es la ley de la selva, esto es, grupos de poder cuyos intereses son incompatibles, lo que hace imposible llegar a acuerdos para dar solución juntos a un problema grave que nos afecta a todos por igual, pues el compromiso de los más poderosos con el crecimiento indiferenciado parece indisoluble, siendo sus formas más desarrolladas las más peligrosas y destructoras.

El imperio del mito del progreso a través de dos siglos de historia ha demostrado que no conlleva un cambio cualitativo del hombre, sino solo un aumento de su poder sobre la naturaleza. Dominar la naturaleza desde los orígenes de la civilización industrial, ha adquirido el carácter de un ideal cuyos logros han llegado a enorgullecernos. Pero el desastre ecológico de hoy demuestra que no hay tal dominio pues la reacción de la naturaleza ha sido emprender una gradual retirada al verse forzada a seguir el diseño utilitario del hombre. Recién hemos venido a tomar conciencia de su organización formada por una delicada trama de relaciones.

El diseño utilitario impuesto a la naturaleza por el hombre ha partido del supuesto de que los así llamados "recursos naturales" tienen una capacidad ilimitada de abastecimiento (alimentos, energía, materias primas), pero el desastre ambiental presente, que solo está en sus inicios, nos muestra finalmente el derrumbe del dogma del progreso indefinido y de la orgullosa proclamación del "ascenso del hombre". Todo ello ha demostrado la incapacidad para percibir y entender la organización global de la vida en la Tierra. La noción del plan maestro de la naturaleza falta en absoluto en el sistema imperante, pero está codificado en los genes, y es la sabiduría primordial de la vida. La civilización industrial quiso cambiar la noción misma de la realidad, pero nada se puede contra la naturaleza humana que, pese a las transformaciones que el hombre ha experimentado a través de las edades, sigue siendo la misma, como también el orden natural y sus leyes, las que el hombre no puede transgredir impunemente.

La cultura alternativa antes mencionada contiene el germen del crecimiento orgánico, pero el fruto de ese germen a futuro es un trabajo de minorías.

CONCLUSIÓN

En el capítulo de las conclusiones, aunque parezca una redundancia, será preciso comenzar por la conclusión, es decir, por el suceso que en Chile y en todo el mundo parece haber paralizado momentáneamente toda la agitación de los estallidos sociales, esto es, la pandemia del coronavirus.

Hoy son inconcebibles las marchas y concentraciones que ayer movilizaban a más de un millón de personas llenando las avenidas principales y plazas de las ciudades para protestar, y no sin violencia, por las injusticias de este modelo de sociedad, sus desigualdades, arbitrariedades, abusos, discriminaciones de género y de raza, marginación, etcétera.

Esta mecánica paralizante todos la han percibido y algunos pensadores europeos están viendo que la cuarentena prolongada y obligada de la población mundial generará una secuencia del día a día de nuestra existencia que nos es desconocida, como también nos es desconocida la magnitud del daño en vidas humanas que puede provocar la pandemia y la desarticulación de la economía mundial.

No han faltado los que ven en esta peste generalizada una especie de castigo de la naturaleza por el crecimiento inorgánico e irresponsable de los países más poderosos y poblados. Esa interpretación del fenómeno supondría el hecho de que la naturaleza es capaz de comportarse de un modo inteligente, lo cual ya se habría observado en otros aspectos de su actividad, como ha sido el caso de su reacción ante la contaminación de la atmósfera con CO_2. Me refiero a la absorción de este gas (de efecto invernadero) por las grandes selvas, especialmente las de la Amazonía, esfuerzo que en los últimos tiempos se ha duplicado, llegando hasta el límite posible más allá del cual empieza para el mundo vegetal un retroceso inevitable. El comportamiento supuestamente inteligente de las grandes concentraciones boscosas de absorber CO_2 más allá de su capacidad normal, se entiende que tiene una finalidad, esto es, la salvación de la vida planetaria en su globalidad, incluidos los humanos y demás seres vivos y el reino vegetal mismo.

La naturaleza, al actuar de ese modo, no es que tenga una intencionalidad consciente, su inteligencia es instintiva y consiste en intentar la compensación de un desequilibrio. Aunque por la inmoralidad de organizar cumbres sobre el cambio climático cuyas directrices no se cumplen, esta pandemia parece en realidad un castigo emanado de un acto consciente, cuya finalidad sería la extinción de la especie depredadora, empezando por su paralización momentánea para bajar los índices de contaminación.

Pero sin negar la posibilidad de que se trate de un castigo (natural), para otros, entre los que me cuento, esta pestilencia universal es una proyección "sincronística" en el acontecer objetivo de la pandemia psíquica que hoy enloquece al mundo. Carl Gustav Jung, en su obra póstuma *El libro rojo*, sostiene que la humanidad moderna padece de una alteración psicológica grave, la cual para él es una verdadera epidemia psíquica.

A este modelo de civilización Jung lo califica de "heroico" en un sentido peyorativo de esta palabra. Según él: "Pretende impulsar a la humanidad hacia la altura del sol resplandeciente [nótese la velada alusión al mito de Ícaro] en un ascenso interminable" ... "Pero ascender a una mayor altura requiere de una virtud mayor, esa que nosotros no poseemos. Recién tenemos que adquirirla y eso por el hecho de vernos obligados a convivir con nuestra impotencia. No podemos anular nuestra impotencia y alzarnos sobre todo, y eso es precisamente lo que pretendíamos hacer. Pues bien, la impotencia nos superará y exigirá su parte en nuestra vida… El no poder es, nadie debe negarlo, criticarlo o acallarlo".

Esas palabras de Jung, las últimas que hemos conocido, resultaron ser proféticas, y tanto más cuanto que fue este pensador el que introdujo en la ciencia moderna el fenómeno de la sincronicidad, por el cual los contenidos profundos de la psique se proyectan en el acontecer objetivo sin que el sujeto intervenga ni se lo proponga, lo cual reduce el imperio absoluto del principio de causalidad e impone un principio de resonancia analógica para la vida psíquica de los humanos en su relación con el mundo. De lo que se deduce que la experiencia de lo real para el ser consciente tiene una dimensión psíquica. Así, el acontecer objetivo no es tan objetivo como parece, pues en algún sentido es un correlato analógico del acontecer interior de los humanos. Por eso, la afirmación de que la pandemia que hoy ha contagiado al mundo todo es una proyección en el acontecer objetivo de eso que Jung llama una "epidemia psíquica" tiene esa connotación.

En lo que se refiere a las causas inmediatas de esta pandemia, tampoco han faltado los que afirman que el contagio generalizado por la acción de un virus de gran capacidad letal proviene de una operación estratégica deliberada, pues científicamente se ha llegado a la conclusión de que se trata de un microorganismo intervenido genéticamente para aumentar su poder letal. Su fuente de procedencia, se ha dicho públicamente, sería un laboratorio situado en China. Otros pretenden que se trata de laboratorios norteamericanos o británicos.

Cualquiera sea la verdad que se esconde tras un hecho de tal gravedad, esta conspiración, si es que la hay, debiera clasificarse en el ámbito de la guerra bacteriológica. ¿China contra EE.UU.?, o ¿EE.UU. contra China?, o EE.UU. aliado a China, pero ¿contra quién?

Desde otro punto de vista, y a juzgar por las consecuencias que provoca la pandemia en las grandes masas ciudadanas, el hecho de que haya paralizado bruscamente todas las protestas sociales del mundo, incluidas las feministas, y que los más enconados adversarios del orden imperante se vean en la obligación de recurrir a las autoridades que rigen ese orden, porque son las únicas que tenemos, restableciéndose así de hecho el principio de autoridad y de representatividad, es un resultado nada despreciable que también proyecta sobre el fenómeno la sombra de una sospecha.

Es cierto, por otra parte, que la tendencia espontánea a ver conspiración en todos los hechos de la política mundial cuya causa no puede discernirse claramente depende mucho de la estructura psíquica del observador, pues esa clase de personas existe. Pero es el acontecer mismo a nivel mundial, controlado por poderes que están dispuestos a todo y a cualquier cosa por lograr las metas que se han propuesto y manejan un eficiente servicio de desinformación, lo que nos induce a sospechar de que los hechos que llegan a nuestro conocimiento no sean provocados por las causas que se declaran o tengan el carácter que se dice que tienen, pues para dar un nombre apropiado a ese juego de desinformación es que se ha acuñado la palabra "posverdad".

A propósito de la pandemia, cabe hacer notar que desde ya comienza a oírse decir que una vez terminado el siniestro, las protestas sociales volverán con redoblado vigor, y esta vez no pocos invocarán un argumento más para elevar el tono, esto es, la prueba de que la humanidad está totalmente maniatada por una élite de poderosos cuyo oficio único consiste tan solo en planificar las estrategias consistentes en el incremento ilimitado de su poder, para lo cual carecen de todo escrúpulo en usar cualquier medio.

Pero dejando a un lado la contingencia de esta pandemia, el objetivo del presente ensayo ha sido vincular el estallido social de Chile en 2019 con la problemática mundial de una megacrisis que afecta todos los aspectos de la vida humana en esta época.

La inevitable tendencia a juzgar los acontecimientos de este fenómeno solo en el ámbito político y económico impide tomar conciencia, por un lado, de ese "mar de fondo" común anteriormente mencionado que permite homologar el fenómeno con hechos de la misma naturaleza que ocurren en otros países, y por otro, y esto es lo más importante, de que esta megacrisis que nos afecta a todos es el resultado del comportamiento carente de ética y sabiduría de un tipo humano fruto de la desmesura de la civilización industrial.

Pero el trabajo de minorías antes aludido reúne al sector de la humanidad contemporánea en el cual los valores y principios, mayoritariamente perdidos, se conservan vivos aún, no solo por la persistencia de una tradición, sino porque, ante la decadencia espiritual de la sociedad actual y la desarticulación progresiva de la vida planetaria, esa gente ha reaccionado espontáneamente sacando fuerzas de flaquezas, retomando conciencia del fundamento espiritual que hizo posible la cultura occidental y empleando todas sus aptitudes en buscar soluciones capaces de paliar el daño causado por el avance arrollador del crecimiento indiferenciado. Esto sucede al menos en los enclaves donde se intenta poner en práctica formas de vida y orientaciones pedagógicas congruentes con los valores perdidos.

Habiendo conocido personalmente varias de estas experiencias y tomado contacto con personas que participan en ellas en Europa y América Latina, me he formado la idea de que frente al panorama de mundo amenazado por los conflictos de poder de los Estados, especialmente de las grandes potencias, y la degradación generalizada del orden natural, estas personas son, por el momento, las que están mejor preparadas para hacerle frente a los eventuales desastres que se anuncian, porque la problemática en que estamos atrapados no es solo ambiental y económica, sino que compromete al hombre en su integridad como ser consciente.

Ahora bien, el hecho de que hoy en el mundo, en todas las latitudes, haya gente que por constitución anímica asuma una nueva cosmovisión opuesta a la de este modelo de civilización, cuya violencia e injusticia rechaza, y esté trabajando en ese sentido, aportando algo positivo a un mundo dominado por oscuros instintos tanáticos, parece configurar algo que podríamos denominar "una historia que se repite".

Esa historia es algo que ocurrió en el proceso de la decadencia del Imperio romano, de cuyas ruinas emergió un nuevo paradigma cultural para el mundo occidental. Las simientes de ese nuevo paradigma fueron las comunidades que fundó el apóstol Pablo de Tarso. Estas carecían de todo poder ya que eran integradas por gente modesta, y habrían podido ser fácilmente aniquiladas en un mundo regido brutalmente por la ley del más fuerte, donde la vida humana no valía nada.

Las persecuciones con las que los emperadores intentaron detener el avance de la evangelización, una vez que la Buena Nueva había comenzado a difundirse en mayor escala en las provincias y en la misma metrópoli, no hicieron más que fortalecer la fe y el coraje de los evangelizadores, hasta que algunos de los soberanos más hostiles a la nueva fe, como lo fue Decio, se vieron en la obligación de reconocer que ya no era posible detener el cambio que esta obra misionera estaba generando en la sociedad.

Este fenómeno social, conforme a los criterios con que se entiende el devenir histórico, resulta inexplicable porque, si bien de aquellas comunidades, y desde sus inicios, surgió un nuevo tipo humano, lo que podríamos llamar hoy un "hombre nuevo", la pequeña dotación de estas cofradías no permitía augurar a futuro que la fe de esa gente en un conjunto de verdades fundamentales del todo diferente de la racionalidad imperante en la época pudiera extenderse por vastos territorios y llegar a ser mayoritaria en la población del imperio, hasta el punto de ser asumida incluso por los mismos emperadores, y posteriormente por los bárbaros germanos que destruyeron esa civilización.

Lo inexplicable de este fenómeno exige que el investigador que intente entenderlo y discernir sus causas, tenga que recurrir necesariamente a otros factores que parecen exceder el marco racional de la ciencia histórica.

En ese sentido, cabe decir que la convicción que el apóstol tenía de que nada habría sido posible sin la asistencia de un agente superior que él llamaba "el Espíritu", ofrece la posibilidad de entender, por analogía, el fenómeno contemporáneo de la disidencia que está tomando forma como una cultura alternativa, pues el modelo humano del hombre nuevo de esos tiempos, cuyas características describe el apóstol, no presenta diferencias de fondo con el modelo humano que encarnan hoy aquellos que buscan sustraerse de la violencia y la injusticia básicas del actual modelo de sociedad.

Me refiero a su desarrollado sentido ético, su constante recurrencia a criterios de no violencia en la solución de conflictos, su conciencia de la inhumanidad del acontecer en que ocurre el día a día del mundo, su capacidad para condolerse del sufrimiento ajeno, su solidaridad con aquellos que piden justicia, su constante búsqueda de la armonía en las relaciones humanas, a lo que debemos agregar su despierta sensibilidad frente al orden natural y su sabiduría para comprender el valor de todas las formas de la vida, de donde emana su respeto en el trato con todos y con todo, y la mesura de su comportamiento.

Todo eso resulta congruente con lo que el apóstol Pablo dice en su carta a los Gálatas sobre los frutos del Espíritu (Ga. 5-22), esto es: "Amor, gozo, paz, paciencia, benignidad, bondad, fe, serenidad, y templanza". Y si hoy se observa que esas características de lo que se considera una auténtica calidad humana han comenzado a manifestarse y acentuarse en un sector de la población mundial, puede entenderse que nos hallamos ante un fenómeno psicológico social emergente, que adquiere para muchos el carácter del "deber ser", porque lo contrario es ya de sobra conocido y repudiado, esto es, codicia, competitividad, conflicto, agresividad, orgullo, injusticia, insensatez. Si este fenómeno es hoy una realidad que se hace cada vez más patente, al punto de irse configurando de nuevo un tipo humano semejante al de los primeros siglos de nuestra era, ocurre que nos hallamos otra vez ante el misterio de lo inexplicable, pues todo lo que ocurre en la trama social de este modelo de civilización tiende a alejarnos de ese tipo humano, sustituyendo la calidad humana intrínseca por la eficiencia, y el sentido por el crecimiento. Porque el hecho de que hoy, en el estado de convulsión y peligro en que está el mundo, haya cada vez más gente que opta por los valores señalados por el apóstol como frutos del Espíritu, es realmente un milagro, y en ello se percibe cómo la vida se está defendiendo a sí misma mediante el despertar interior de un sector de la humanidad cuya acción en el mundo parece llevar la dirección hacia un nuevo paradigma.

Lo que ocurre se corresponde con esos momentos de la historia en que la racionalidad con que se ha formulado el sentido del mundo durante tantos siglos se enfrenta a una problemática de cambio que no cabe en sus categorías, entrando así en crisis conjuntamente con el lenguaje que se empleaba para expresarse.

Pero la dificultad de que todos entiendan hoy el planteamiento de fe que el apóstol desarrolla en sus cartas, no obsta para considerar en su justo valor la emergencia en ciertas personas de una nueva ética y una nueva sabiduría coincidentes de hecho con las enseñanzas que el apóstol entrega en sus escritos.

No se puede evitar hoy que nuestra comprensión del destino trascendente de la criatura humana deba discernirse conforme a los patrones de pensamiento con los que se elabora nuestra actual racionalidad. Por eso es pertinente volver a mencionar aquí lo que la psicología analítica ha aportado para entender las relaciones de la psique humana con el mundo objetivo, esto es, la sincronicidad. Pero esta vez para explicar eso que comúnmente llamamos fe, y su poder. Porque si es efectivo que los contenidos profundos de la psique se proyectan en el acontecer objetivo por la vía analógica, proyección cuya fuerza es proporcional a la fuerza de esos contenidos, esto podría constituir un tópico científico capaz de dar una explicación aproximada, no religiosa, al poder de la fe, la cual, cuando es firme y persistente, logra la realización de lo que anhela.

Y hago mención a este tema no tanto por los que viven esa fe, sino para adelantarme al hecho de que si bien la gente que por sus convicciones de hecho está por una cultura alternativa, con la restauración de los valores que fueron el fundamento original de nuestra cultura, vive un enfrentamiento con el mundo no exento de sufrimiento, las leyes que rigen el orden natural y la estructura psíquica humana en la actual coyuntura histórica están de parte de los que aman la vida y de los que buscan regir su comportamiento conforme a la virtud y la sabiduría. Esas personas, aun conscientes de su gran desventaja frente a los poderes que controlan el mundo, intuyen con cierto grado de certeza que su posición frente a la problemática del mundo actual prevalecerá, porque contiene en sí el germen de un destino que guarda en potencia un desarrollo a futuro, en tanto que el modelo de sociedad y civilización imperante demuestra estar llegando a sus etapas terminales de evolución.

El año 1983, en Toronto, Canadá, se celebró un Congreso Plenario de la Cultura Alternativa bajo el nombre de "Iniciativa planetaria para el mundo que elegimos", al que concurrieron cerca de quinientos representantes de veinte países, y tuvo por objeto desarrollar una plataforma para proclamar un mundo más humano, unido y capaz de continuar la vida en un planeta amenazado por una eventual extinción masiva. Estas personas se reunieron, en primer lugar, para conocerse, intercambiar experiencias y elaborar un proyecto de asociación de distintos grupos, organizaciones e individuos.

Esta coalición estaba basada en tres principios. El primero de ellos incidía en la transformación personal o conversión, bajo el rótulo de "autorrealización". El informe correspondiente define este principio en los siguientes términos: "La oportunidad de cada ser humano de desarrollar su potencial interior, realizando su esencia espiritual y asumiendo su unión con toda forma de vida, en un compromiso de responsabilidad y espíritu de cooperación". Los otros dos principios estaban referidos al desarrollo de las aptitudes para vivir en comunidad y contribuir a la unidad del mundo mediante una educación para la paz y la solidaridad.

Las primeras declaraciones consensuadas del congreso, y dadas a conocer públicamente, dejaron atónitos a los que siguen inmersos en la racionalidad del modelo vigente. Fueron tres preceptos contundentes cuyo tenor era el siguiente: "No lucrar; no tener metas precisas; y no publicitarse".

Solo el primero de estos preceptos basta para entender que, si es efectivo que un nuevo paradigma está en gestación, este surgirá necesariamente de las bases anónimas de la sociedad y no de la cúpula del poder, pues no lucrar no puede sino ser una opción individual que toman personas totalmente libres y ajenas a toda función pública o privada en la que se esté dotado de alguna cuota de poder en el contexto social actual.

Se entiende también que no tener metas precisas ni publicitarse son opciones que no guardan relación alguna con la industria, la economía ni la política del modelo vigente. Así, estos tres preceptos constituyen una especie de terapia de purificación que capacita a ciertas personas para desvincularse del orden imperante y asumir formas de vida congruentes con la virtud y la sabiduría.

La simplicidad voluntaria se asume como una decisión dirigida a cortar los lazos de dependencia de la conciencia con respecto a los bienes materiales. El no tener metas precisas tiene por objeto recuperar la actitud receptiva ante el destino, en la esperanza de que la vida muestre por sí misma las vías de su evolución natural, renunciando al ánimo de planificar y controlarlo todo.

En lo que se refiere a la abstención de publicitarse, se trata de un derivado de no lucrar, pues toda publicidad se hace para atraer al consumidor y al usuario para que adquiera algún producto del mercado.

Asimismo, el no tener metas precisas implica renunciar a todo intento de determinar de antemano adónde va a ir a parar el cambio que están experimentando las cosas, pues toda tentativa que vaya en ese sentido se cierra a la posibilidad de dejar que esta mutación siga su curso hasta su total realización conforme a su propia dinámica.

El movimiento "Iniciativa planetaria para el mundo que elegimos" fue liderado en Chile por la doctora Lola Hoffmann y funcionó activamente durante unos tres años, creando conciencia ecológica entre los chilenos de todas las regiones. Así mismo, introdujo en un sector considerable de la ciudadanía el concepto de autorrealización, esto es, que cualquier compromiso activo de trabajar en el sentido de la cultura alternativa requiere de una conversión interior de la persona, un cambio por el cual se toma conciencia de la propia esencia espiritual, único soporte sólido y durable de cualquier otro cambio que experimente la estructura psíquica del hombre.

La megacrisis, al ir debilitando los soportes de lo que hasta hoy se ha considerado como real y digno de crédito, nos permite asomarnos hacia un mundo que aún carece de forma precisa, pero cuyo estado potencial despierta en ciertas personas la fuerte convicción de estar situados en las líneas de fuerza de lo que se está gestando, y eso no es más que una nueva versión del sentido, es decir, de lo mismo que ha sido siempre, pero que en estos tiempos ha sido olvidado y excluido. Este es otro mensaje para recuperar la esencia de lo que el mundo, en su decadencia, dejó atrás, aquello que los que nos precedieron llamaron con otros nombres, y que mientras no cortaron el vínculo que los unía, vivieron tiempos de plenitud, y que solo cuando descuidaron ese vínculo y terminaron perdiendo el fundamento espiritual de la existencia, entraron en tiempos de aflicción y de violencia.

La verdad es que el hombre moderno ha hecho —y sigue haciendo— esfuerzos por dejar de ser humano, en tanto que el modelo del hombre real ha seguido intacto. Es un arquetipo invisible que nada puede alterar, como una piedra que es la clave de ángulo, aquella que le da sentido a toda la construcción. Desde hace muchos siglos se viene diciendo que quien tropiece con esa piedra se hará pedazos, y sobre quien esa piedra caiga, será pulverizado (Lc. 20-17, 18). ¿Quién puede liberarse de ese juicio a estas alturas de la historia?

Todavía es tiempo de reflexionar, creen algunos, para enfrentar lo que viene con una buena conciencia que nos proteja y nos libre de los peligros de una crisis que ya todo lo abarca. Como dice el refrán popular, todavía es tiempo de que abras tu ojo si no quieres que te lo abran.